A la Mer... à la Vie...

Lydia Montigny

A la Mer… à la Vie…

En marge de la page sur la plage…

Edition : BoD - Books on Demand
12/14 rond-point des Champs Elysées
75008 Paris
Imprimé par BoD – Books on Demand, Norderstedt
*ISBN : 978-2-**3220-8996-3***
Dépôt légal : ***Novembre 2018***

Livres précédents :

Dans le vent (VII 2017) BoD
Ecrits en amont (VIII 2017) BoD
Jeux de mots (VIII 2017) BoD
Etoile de la Passion (VIII 2017) BoD
As de cœur (XI 2017) BoD
Pensées éparses et parsemées (XI 2017) BoD
Le Sablier d'Or (XI 2017) BoD
Rêveries ou Vérités (I 2018) BoD
Couleurs de l'Infini (II 2018) BoD
Exquis Salmigondis (V2018) BoD
Lettres Simples de l'Etre simple (VI2018) BoD
A l'encre d'Or sur la nuit (IX2018) BoD

Si le ciel a ses étoiles
Ses ondes et ses couleurs

Si la mer a ses étoiles
Ses ondes et ses couleurs

Alors sois mon étoile
Mon onde de lumière, mon porte-bonheur…

Un coquillage sur la plage
Abandonné par la fin d'un voyage
Autour d'un monde sans escale,
En mer de saphir ou bleu si pale…
Combien de siècles, combien d'années
Au fil de l'eau, de vagues salées
Ce coquillage a-t-il traversé
Avant de venir s'échouer à tes pieds ?
J'ai pris le temps de le ramasser,
De l'essuyer, de l'écouter,
Contre mon oreille captivée…

Ses vagues douces ont murmuré
L'idylle de cet alizé
Aux couleurs de l'été indien
Et de ce récif corallien…
Le temps les a transformés
Sans jamais les séparer
Un sable rose s'est déposé
Sur la plage où tu as marché…

La mer

est le sel

des larmes

de l'Univers…

LA FORCE DE LA MER

Dans la force de la mer
Dans ses bleus, dans ses verts
Et dans ses gris aussi,
Je m'apaise et souris…
Les vagues au soleil
Turquoises sans pareil
M'enroulent, s'élèvent, et me poussent
Comme une bulle de mousse…
Dans les embruns salés
Mon cœur se sent léger…

Devant la force de la mer
La vie n'a pas de frontière
Et je renais plus humble encore
Car chaque vague est un trésor.
Je ne veux rien manquer
Mais tout admirer, tout aimer,
Le temps est si fugitif…
Mon espoir est son récif…

…/…

…/…

Avec la force de la mer
J'irai faire la guerre
A ces marchands de sable
Pour ne pas qu'ils t'accablent,
Pour que tes rêves sur la plage
Ne s'effacent jamais,
Pour que tes mots sages
Soient la douceur salée
D'un amour aussi grand
Aussi fort… que l'eau de l'océan…

La Mer

A sa beauté, ses caprices, sa force, ses colères, son chant…

Mais elle est avant tout l'essentiel de la Terre… chaque goutte étant indispensable, inévitable, à la vie de chacun de nous…

LES BATEAUX PARTENT…

Les bateaux partent
Chargés d'espoir,
Les vœux s'attardent
Dans le soir…

Il disparait vers l'horizon
Sur cette ligne
Qui s'arqueboute
Comme un pont.
Si c'est un signe
Sans aucun doute
Elle agitera la dentelle
De cette vie cruelle
Comme un mouchoir
Aux quatre vents…
Alors l'oiseau blanc
Naîtra d'un au-revoir
Et volera encore
Jusqu'au nouvel aurore…

MON ILE IMAGINAIRE...

On peut être sous son charme...

Elle enchante, voire ensorcelle...
invitant l'imaginaire à se surpasser encore,
et tenter de nous conduire par son doux sortilège,
à d'improbables voyages...

… « PAUSE »…

Je suis cette petite île
Sauvage et inconnue
Où tu viens te « pauser »…
Le silence est fragile
La liberté est nue
Comme une peau dorée…
Tu lis ces quelques lignes
Posées sur cette pause…
Détente ou bien osmose,
Corps et âme s'y baignent…
Tu voudrais bien rester ?!
Cette île est ton secret
Ta source, ton réconfort,
Ton abandon, ta cause…
Laisse-toi dériver
Sur les lignes oubliées,
Sur l'île aux traits or…
Ton paradis ?... Fais « PAUSE »…

TURQUOISE

Turquoise... du bleu au vert
De même couleur que la mer,
Et du vert au bleu
Quand le ciel rempli tes yeux...
Turquoise... d'azur si fine,
Dans ta lueur divine
Colore mes rêves encore
De céladon et d'or...

SPLASH !

Elle vient au coucher du soleil
S'assoir sur ce même rocher
Contempler les lueurs du ciel…
Ses cheveux joliment bouclés
Salent sa peau douce et dorée ;
Dans le turquoise de ses yeux
Les étoiles viennent se noyer…
Sur ses écailles d'un vert bleu,
Les perles savent la parer
De reflets tendres et nacrés…

Parfois les embruns du sommeil
L'étourdissent de rêves couleur miel
Mais elle sait qu'au lever du jour
Elle plongera dans l'océan
Et l'ultrason de son cri
Regagnera ce paradis :
C'est la gardienne pour toujours
Des grands et des petits enfants
Ceux qi voudraient tant la voir…
C'est une sirène, qui peut le croire ?...

PUISQUE LA MER...

Puisque la mer
Est immense et fière,
Puisque le ciel
Même sans les ailes
Des oiseaux
Est toujours beau
Puisque mon cœur
Rêve toujours
La nuit, le jour,
L'amour n'a pas d'heure...

ECOUTE...

Ecoute le chant de la mer...
Elle ne connait pas de frontière
Elle est unique, entière,
Un jour calme ou guerrière,
Elle est le reflet fier
De ton rire plein de lumière
Et de ton regard si clair...
Ecoute le chant de la mer
Dans ses coquillages solitaires
Et ses rayons solaires
Semant d'or et de vent
Les sables et les airs...
Ecoute le chant de la mer
Elle a les larmes de ma prière...

J'effleure le monde
D'une humeur vagabonde
Puisque la Terre est ronde
Que la Paix soit son onde…

Viens danser les pieds nus
Sur le sable encore tiède
Et tu composeras tel Aède
L'histoire d'une inconnue
Qui dessina sur la plage
Une belle hypallage…
Viens courir, viens sauter
Et écrire de tes pieds
Ce doux message à la mer
Grain de sel de l'univers…
Viens, sur la pointe des pieds
Danser… Et dans les vagues jouer…

OUBLIER ?

C'est laisser l'empreinte de ses pas en courant sur la plage, et s'étonner de les voir disparaître sous la première vague...

C'est errer dans un désert de sable qui marque un instant ses traces, puis les transforme en dune sous le premier souffle de vent...

... Mais il demeurera toujours les roses des sables qui refleuriront Demain...

OU S'EN VA…

Où s'en va ton bateau ?

Sur cette mer déchainée
Endiablée, survoltée,
De creux en bonds si hauts
Il pourrait se briser,
Sombrer par mille pieds…

Où s'en va ton prao ?

Tranquille sur les flots,
La brise dans la voile,
Le sable plein d'étoiles,
Sur ces eaux cristallines
La vie semble divine…

…/…

…/…

Où s'en va ton navire ?

Sur l'océan si bleu
Qui danse dans tes yeux…
Et tu voudrais partir
Avec le doux Zéphyr
Qui te fait tant sourire…

Vogue, joli bateau !
Le temps est… si beau !...

L'onde des flots mêlée aux cieux,
L'onde des mots au bord des yeux,
Le Zéphyr s'effile, souffle tiède au tiaré,
Le Zéphyr s'incline sous le chaud alizé...
Mais il n'est de vent plus joueur
Que celui qui chante dans mon cœur...

La force des vagues transforme les roches en galets…

La force des vagues transforme les galets en sable…

Ainsi va la Vie…

La vie nous transforme peu à peu, amoindrissant nos soucis au fur et à mesure pour ne nous laisser apprécier que l'essentiel…
… et certains se plaignent d'être dérangés par un grain de sable ? Ironie !

Soyons simplement heureux d'être debout et de pouvoir marcher sur cette plage…

Là est l'essentiel… !

FLUX

Quel est ce V ?

Est-ce un oiseau en plein vol
Jouant avec Eole ?

Quel est ce U, ce W ?

Un océan qui se creuse
En vagues longues et mousseuses ?

De petits n en grands M
Elles croisent tant d'îles
De paradis fragiles …

Quel est ce C, ce e ?

L'onde s'allongeant sur la plage
Pour y déposer un petit Coquillage…

…/…

…/…

Quel est ce O ?

Un tout, un mystère, un point,
Que tu fixes, songeur, au lointain…

Je pose ici un X

Discrète signature
De mon cœur sans armure…

Il y a

toujours une mouette

venant répondre à la question

Que l'on pose

à la mer….

JUSQU'OU ?

Jusqu'où
Faut-il dériver pour arriver
Sur la plage des secrets,
Quelles tempêtes ébouriffées
Laisseront sur le sable mouillé
Mille bois éparpillés
Et sa voile blanche déchirée ?...

Jusqu'où
La vague emportera
Le vœu que tu lui confieras ?
Dans la force de sa lame
Disparaîtront toutes tes larmes,
Et dans la houle infinie de ton cœur,
Tu me berceras, … berceras…jusqu'ailleurs…

J'écrirai sur l'océan de ta vie

Des choses simples d'aujourd'hui

Des hiers jamais endormis

Des demains défiant l'infini…

Limpide...
Je marche candide
Sur ce sable livide,
Puis glisse, fluide
Dans cette eau limpide......
La mer n'est plus ce vide
Où j'hésite, timide,
Mais un jeu, un guide
Où je vais, solide,
Sage Néréide...
Comme un rire limpide
Un partage splendide
Je t'offre cet instant… translucide....

MER,

… roule et déroule tes longues lames qui s'étalent sur la plage blonde…

L'hiver est là, glacial blizzard… et tes vagues s'étirent à l'infini sans l'infime trace d'un pas…

Elle ?
Elle erre là, légère, virevoltant dans le vent, l'air latent ! Elle attend le printemps…
… et la mer a le temps…

La Bêtise...
Elle sert à condamner
Un bateau à rester ancré
Dans le port de l'éternité
Tandis que la mer l'appelle à naviguer...

La Raison...
Elle sert à donner tort
A la question posée
Par bâbord ou par tribord ?
Le gouvernail a cédé...

La Liberté...
C'est la seule raison
Pour s'échouer sur le sable blond
Par amour ou par passion...
J'aime ton abandon...

… Les vagues ont parfois une telle puissance qu'elles nous rappellent que nous ne sommes qu'une infime goutte d'eau…

… Mais sans cette minuscule goutte, la vague n'existerait pas…

AQUARELLE

C'est une tendre aquarelle
Peinte du bout de mes ailes
Emerveillant de son réveil
Tous les nuages du ciel...

Viens, approche-toi.... plus près......
Regarde le doux reflet
De la silhouette floutée
Et l'onde de ses cercles qui s'en vont
Ondulant sagement en rond...

Admire cet or bleu
Saphir scintillant dans tes yeux,
J'ajouterai une larme de céladon
A l'émeraude si profond,
Et puis une goutte de gris
Apaisant, transparent de rêverie...

.../...

…/…

Comment savoir avec certitude
Si la source de cette quiétude
Coule de cette source en amont
Dans le murmure suave et long
Du temps flottant, immortel ?

C'est une aquarelle intemporelle…

Avant que les océans ne deviennent rouges,

que le ciel ne devienne noir,

et que la Terre ne soit plus qu'un immense terrain de guerre,

Regardons-la encore

si belle,

si ronde,

si bleue…

et faisons tout

pour la garder ainsi…

HOULE...

Dans le bleu
De la vague
Mon regard flotte,
S'éloigne, s'égare
Et coule sans se débattre...
Dans la houle
Je m'enroule,
Entre mes doigts
Cherchant ton corps
Dans le sable d'or
Le temps s'écoule
Glisse et roule...
Dans le vert
De la vague
Mon âme flotte
Dans l'instant rare...
Le vent est salé
De cet amour blessé...

Danser dans les vagues !...

Face à la force des vagues, on ne peut s'échapper... il faut faire avec, suivre leurs mouvements, utiliser leur gigantesque force...

On peut s'amuser à faire face au ressac, mais au regret de la fuite, on tombe sur le sable mouillé, et là, ... les vagues semblent bien plus grosses !...

Indomptable furie d'onde
Tu roules, furibonde,
Exploses puis retombes
En gouttes fines et rondes…
Tant de chants vagabondent
Par-delà le monde
Mais tous se fondent
En ses belles combes…
J'ai cru une seconde
Voir comme une ombre
Dans tes yeux clairs… ou sombres…
… Les couleurs se confondent…

DEFI

Face à l'océan,

à cette intense immensité,
aussi minuscule soit-on,
il faut croire,
croire fort,
croire qu'à chaque battement de son cœur,
tout est possible,

toujours,...

tout...

REGARDE LA MER...

Regarde la mer
Comme un monde à l'envers
Le soleil dans l'eau
N'en sera que plus beau,
Les étoiles du ciel
Scintilleront à merveille
Sur le sable doré
Où la lune vient se poser...

Regarde la mer
En gris, en bleu, en vert,
En poissons arc en ciel
En sirènes si belles...
Regarde la mer
La tête à l'envers...

... MIRAGE...

Laisse-moi dessiner du bout de ce rêve
Ton visage si sage
Ton rire silencieux
Ce bateau sur la mer calme dans le bleu de tes yeux...
Et tu me laisseras y sombrer...
Laisse-moi dessiner du bout de ce mirage
Une éternelle trêve
Une vague infinie
Qui bercerait nos vies
Sans jamais y sombrer...

Comment voyagez-vous,
Léger passager
De votre âge sage,
"Pas un âge otage",
Disiez-vous en présage !...
C'est un délicieux voyage
Un joyeux coloriage
De tous les coquillages
Sur les doux rivages
Où s'échouent les gouaches
Bleues, vertes et blanches
Des vagues qui se lâchent
Au rythme des flashs
Des vagues franches...
Voyagez, voyez, osez !
Un sourire sur le visage
Et la Vie pour tout bagage
De vos rêves sauvages
Soyez les passagers !

J'ai le cœur en ouragan
Le sang en torrent
Les yeux en pluie
Mes mains cherchent la vie
Ecorchée et griffée…
Mais tu restes ton rocher…

AQUARIUM

Un coquillage et des poissons
Qui tournent, sages et bien en rond...
Dans le feuillage de leur lagon...
Dorment les bulles de leurs chansons....
Sur leurs écailles irisées
Se reflètent les yeux attristés
D'un enfant qui aurait rêvé
De les voir jouer dans la rivière...
Toutes les bulles de leurs prières
Ont résonné, ont résonné....
Lorsque le soleil s'est levé
L'aquarium par bonheur, s'est brisé...

Entre le ciel
Et le sable,
Les couleurs
Du bonheur
Où se lave le soleil...
De mon espoir...

Il suffirait d'un mot
Pour écrire une histoire,
Il suffirait d'un espoir
Pour que s'enfuit la nuit,
Il suffirait d'un regard...
Pour que le bleu de tes flots
Me noie... Dans l'azur du hasard
L'histoire prend Vie...

LA GOUTTE

Dans le matin ensommeillé
Une goutte vient rouler
Sur ma page immaculée...
Le temps, ébahi, s'est arrêté...
Elle errait dans la brume
Avec la légèreté d'une plume,
Minuscule et vaporeuse
Elle valsait sur l'aria délicieuse
D'une mésange gracieuse...
Dans son envolée joyeuse
Elle frôla la goutte songeuse
Qui tomba sur ma joue confuse !
L'intruse se confondit en excuses...
Quelle muse merveilleuse !
Elle coula là, joueuse,
Sur ma ligne silencieuse
Et de son encre ténébreuse
T'écrivit l'onde de cette berceuse...

"Partie !"... "Où ?"... Dans les vagues turquoises
Puisque l'hivernale est si courtoise
De son soleil pâle et blême
De ce triste poème...

"Partie !"... "Où ?"... Vers une plage polaire
Sous un ciel bleu et vert
Puisque fondent tous mes mots
Sous tes lignes indigo...
L'hiver est beau...

LIBRE...

Libre,
A l'infini, aux quatre vents,
A contretemps du temps absent
Comme un soleil dansant dans l'eau
Sans horizon et sans un mot

Libre,
Comme des éclats de rire
Dans le jeu d'un enfant,
Puis dans un profond soupir
Las, son pouce entre les dents,
Il fait un songe attendrissant
Et ferme ses yeux doucement...

Libre,
De retour à la vie sauvage
Sans avoir peur de l'orage
Ni de traverser à la nage
La mer jusqu'à l'autre rivage...
Pourvu que la force soit la rage,
La victoire n'appartient pas au sage...

.../...

…/…

Libre,
De dire Oui… ou de dire Non
Oui ! Vivre libre à corps, à cri !
Non ! Pas ces codes de raison…
Liberté, tu m'as donné la Vie…

AU SORTIR DE L'EAU

Au sortir de l'eau, le corps de dissocie de son apesanteur...

Il se fait lourd, les muscles sont gonflés, le souffle est fort et long, et la démarche lente, trainante, mais déliée.

Elle devient une ondulation régulière qui ne s'arrêtera que lorsque les tièdes ombrages lui auront fait une place où se reposer, et soupirer...

L'OISEAU BLANC

Dans le ciel, dans le vent,
Il y a un oiseau blanc…
Il déploie ses deux ailes
De douceur protégeant
Tous ces mots si troublants
Que tu lis si souvent…
Dans ce vol émouvant
Mon rêve devient vivant…

Elle coule,
S'écoule,
Roule,
Parfois s'éboule
Nous chamboule,
Nous refoule,
Puis nous entraîne dans sa houle,
Nous étourdit comme un jazz cool...
Une espérance limpide
Allume ses couleurs
En camaïeux de bonheur,
Et coulures graciles
Fardées d'un gris bleu
Irrésistible... et radieux...
L'azur se fait douceur,
Nuages en vagues lueurs,
Fluides et subtiles,
Ils flottent dans l'absolu...
Sois fou !
Sois là !
Le temps coule
N'oublie pas...

La vague s'enroule
Se jette
S'étale
Puis glisse
Se replie...
Se roule
... et disparaît...

Elle tombe, fine bruine,
Pénétrante
Collante
Elle coule
Dégouline
De ce stratus gris
Comme des embruns
De ciel bas,
Lourds de ce plomb
Qui ruisselle
Si las,
Fi !
Tombe cette brouillasse
Qui glace
Mon corps tremblant
Et pourtant,
Je pense à toi
Et souris à chaque pas
Qui se pose sous mes pas
Comme un reflet de toi
Il pleut... ?
Si peu... !

J'averse
Tu escargots
Il flaque
Nous pleuvons
Vous dégoulinez...
Ils arc-en-cielent !

Le matin se satine
Offrant in fine, la fine
Brise bleue marine.
Je marche dans la ouatine
D'une vie bordée de santoline...
Aux fleurs si mutines,
Et m'allonge sur la dune câline...
Mon rêve salé devine
Tes mots qui me fascinent,
Tes pensées clandestines,
Tandis que la mer ravine
La douceur de cette mâtine...
Le temps, telle une ballerine
File sur ses pointes d'ondine...

Ecouter
la noirceur bleutée
de l'orage
roulant,
vrombissant,
explosant...

Fermer les yeux...

... et n'entendre
que le doux clapotis
du Paradis...

… SPIRITUS MARIS…

Il est écrit dans l'eau
"L'indocile est si beau"…
La do si la si do……
Rien n'a la forme de l'eau
Ni la mer, ni les vagues
Et en vers elle divague :
"En moules et crustacés"
En mots si incrustés !
Il est écrit dans l'eau
En nacre et en corail
Le sacré des écailles.
La mer a sa bataille
L'amer est la médaille
D'horreurs qui assaillent
Ses trésors de bataille…
Dans l'eau il est écrit
"Spiritus maris"
C'est l'incompris clapotis
De son doux paradis
Do sol do… fa la si….

LA CROISIERE

C'est la croisière du Penseur
Glissant sous les cerisiers en fleurs...
Il berce de bonheur
Rose fondant à cœur,
Les instants de douceur...
Flottant entre les heures
Sans amarre et sans peur,
Insouciant de la profondeur
Et sûr dans sa lenteur...
Il va, tendre penseur…

RENVERSER...

J'ai renversé l'encrier....
D'un geste gauche
Et maladroit...
Ma plume ricoche
Se plante là
Tant sa pépie
Lui fait dépit...
La ligne sèche
Du papier rêche
La fait souffrir...
Comment lui offrir
Tous ces mots doux
Bleus, mauves ou fous ?
J'ai mis dans l'azur
D'une vague pure
Ma plume blanche
Pour qu'elle s'épanche
Et t'écrive enfin
De cet instant jusqu'à demain...
J'écrirai le ciel,
J'écrirai la mer,
A l'encre essentielle
De mon sang renversé
En rouge, je signerai...

SUR LA PLAGE...

Sur la plage de mon silence
Tu écoutes les coquillages
De mon âme

Sur la mer de mon existence
Navigue ta présence,
Douce vague sur mon rivage...

LES LIVRES

Il y a ces livres qu'on lit
Et relit...
Ceux qui veillent
Du haut de leur étagère
Discrets sous nos regards
Glissant sur eux,
Ou bien fougueux,
Tumultueux
Pour se faire dévorer des yeux...

Il y a ceux qui dorment
Tout près d'un oreiller
Rêvant de nous bercer
Nous consoler
Nous emporter
Entre leurs pages
Comme des draps blancs
Innocents,
Doucement...

Il y a ceux qui nous entrainent
Dans leurs voyages
Entre les mots
Entre les vagues
Au-delà des maux
Des vagues à l'âme,

.../...

…/…

Nous prenant las
Pour nous jeter ailleurs
De cette vie là
Pour un monde meilleur
Nous laissant enfin tomber
Sur cette immense plage
Telle une étoile désemparée
Attendant les pages iodées…

Il y a ces livres
Ne se refermant jamais…
Jamais la « fin » ne nous délivre
Des mots rencontrés,
Soupçonnés,
Aimés,
Devinés,
Délivrés…
Ils sont les messages
Se cachant dans leur coquillage…

Sur la plage de mes rêves
Mes doigts ont dessiné
Le contour de ton corps
Et tes lèvres salées...

VAGUE

Elle danse
Inlassable
Elle lance
Sa blanche révérence
Elle balance
Doucement
Ses vagues bleues
En roulement
Doux ou douloureux
Des cieux
Aux abysses mystérieux
De l'infini
Jusqu'à la plage
De cet aujourd'hui
Jusqu'au bas de ta page…

MOT D'AUTOMNE...

L'automne valse
Et sa salve silencieuse
De feuilles suaves...
S'effeuille
Se lavant dans le vent
Monotone... Voici mon automne...

ELLE EST…

Elle est d'un autre temps
D'un autre vent,
Un Soleil de Printemps
Réchauffant doucement
Le sable des rives
Des rêves qui dérivent…

Elle est d'un bleu-gris
Camaïeux de l'infini
Calme et rage réunis
Elle est comme un pays,
Son bleu-vert à l'envers
Sans pavillon de guerre…

Elle est cette raison
Me dictant la passion,
La couleur de mon Univers
Le bruit et le parfum de l'air
Que je hume dès le matin
En me berçant de son refrain …

…/…

…/…

Elle est d'hier et de demain
Ma confidente enfin…
Elle est la vague libre
De mon paisible équilibre…

Dans le vol d'un oiseau
Il y a l'attente longue,
immobile,
silencieuse,
vitale,
qui fait du temps
un merveilleux présent...

ONDINE

Mon esprit danse...
Mon cœur en cadence
Anime et balance
Mon corps sans défense...
Je flotte sans un bruit
Sur l'onde qui me défie...
Je pense à celui,
Juste à lui et souris
Au temps qui nous lit
Autant qu'il nous lie...

L'ENCRIER

Telle une plume s'abreuve dans un encrier

Mon regard se pose sur la mer,
Sur l'infini mouvement de ses vagues
J'écris ces longues lignes
S'écoulant sur la plage
Et coulant sur la page...

La mer est un immense encrier de poésie…

SOUS LA LUNE

Sous la lune blanche
Mon chagrin s'épanche
Et les vagues de douleur
Inondent mon cœur...
Combien de longs soupirs
Viendront encore mourir
Sur la plage inconnue
De l'indifférence nue ?
Les heures rondes roulent
Tels les rouleaux de houle
Et le vol du goéland
S'effile dans le vent.
Dans le ciel étoilé
Mes vœux vont se poser
Et j'attendrai encore
De voir l'étoile d'or...

Les vagues

font des bouquets de coquillages

Et les déposent sur la plage

Pour les offrir aux pas sages...

Si chaque page de ce livre était une plume, je volerais très haut dans le ciel, t'emportant dans les mots, dans les paysages ignorés de ceux qui restent les pieds sur la terre…

Si chaque virgule, chaque point, accent et guillemet étaient une goutte d'eau, je deviendrais la mer pour t'éclabousser de bonheur, te porter, jouer, et te bercer tendrement…

Mais je ne suis qu'une petite lettre et je te chante sa note, sa jolie mélodie, à l'unisson de la Vie…

VAGUE DE LIBERTE

On l'aime
On la craint
On la défie
On la devine
Elle attire
Elle enchante
Elle est ce monde inconnu
Inattendu, voire défendu…

Alors vient l'imaginaire
Pour parer cette mer
De poissons d'argent
Glissant dans l'onde
Douce et profonde,
Ou de ses flots brisant
Le frêle esquif flottant
Tel un bouchon de liège
Pris dans son piège…

…/…

…/…

La mer est ingénieuse
Capricieuse, moqueuse,
Mais elle est aussi l'horizon
Aux reflets s'en allant au loin,
Eclaboussant ma pensée
Par tant de liberté…

... ROSE DES VENTS...

Où va le vent
Ses paroles, son chant,
Invisible vivant...
Toujours en mouvement ?

Il joue dans les volets
Dans les portes mal fermées,
Et de dentelle vient se parer
Dans ces rideaux légers
Qui cliquette sur les mats
Des voiliers calés là
Berçant les coques rondes
Plus tard autour de monde ?...

Il siffle dans la forêt
Et les feuilles affolées
Viennent se réfugier
Dans les nids si douillets !

.../...

.../...

Où file le vent
Friselis frémissant
Dans les bambous fous
Tintinnabulant, si doux ?

Il chuchote encore
En soufflant sur mon corps
Le parfum de la vie
Et de sa Rose étourdie...

CROIRE ENCORE

… Ne jamais cesser d'y croire,
… même si Jamais n'existe pas…

… ou peut-être jusqu'au jour où je dessinerai la ligne de l'horizon sur l'infini…

… vaine ligne !

… Ligne de cette veine qui bat, vagues après vagues, de la plage jusqu'à l'infini de l'horizon…
… jusqu'à Toujours…

L'harmonie ?

Elle est dans l'esprit

en fusion avec la mer

ses vagues, ses couleurs

et ses bruits...